Inhalt

Unified Communication und Collaboration - Die Virtualität der Unternehmen nimmt zu

Kernthesen

Beitrag

Fallbeispiele

Weiterführende Literatur

Impressum

Unified Communication und Collaboration - Die Virtualität der Unternehmen nimmt zu

M. Westphal

Kernthesen

- Die Virtualität von Unternehmen aufgrund steigender Mobilität und weltweiter Vernetzung nimmt zu.
- Damit werden aber auch die Anforderungen an Projektteams immer komplexer, da sie häufig kaum räumlich zusammenarbeiten.
- Unified Communication ist die Plattform, die sämtliche Kommunikationskanäle bündelt und für eine hohe Effizienz und Effektivität bei hoher Virtualität sorgen

kann.

Beitrag

Unternehmen vertrauen in ihrer weltweiten Vernetzung auf Teamarbeit geografisch verteilter Teams, die komplexe Aufgaben in kurzer Zeit lösen müssen. Um eine effiziente Kommunikation solcher Teams zu ermöglichen, hat sich das Thema Unified Communication auf die Agenda vieler Unternehmen ganz nach oben gesetzt.

Unternehmen setzen auf Teamarbeit, bei der die Mitglieder nicht mehr gemeinsam in einem Gruppenraum sitzen

Für Unternehmen wird das Thema Teamarbeit immer wichtiger. Die Herausforderung für die Unternehmen besteht aber nicht mehr rein in der Suche und Zusammenstellung von Teams, die die nötigen Soft Skills für Teamarbeit mitbringen. Vielmehr arbeiten die Teams heute nicht mehr in einem Gruppenraum zusammen, sondern es werden in einem Team Fachleute verschiedener Fachgebiete und geografischer Regionen zusammengefasst. Die

Problematik besteht in der Organisation dieser Virtualität, die die gemeinsame Zielerreichung durch Struktur und entsprechende Kommunikationsmedien fördert.

Wesentlicher Faktor, der eine solche Zusammenarbeit unterstützt, ist eine Kommunikationsplattform, die zeitversetzte synchrone wie auch asynchrone Kommunikation strukturiert und unterstützt. Ein asynchrones Kommunikationsmedium ist z. B. die Email. Synchrone Kommunikation ist immer durch ihren Live-Charakter geprägt und kann ein Chat oder auch eine Video-Konferenz sein. Entsprechende Software kommt dafür z. B. von Netviewer und WebEx.

Ein wesentliches Problem besteht auch darin, dass für die verschiedenen Fälle immer das richtige Kommunikationsmedium gewählt wird. So eignet sich Instant Messaging für schnelle Antworten. Im Falle von komplexeren Botschaften wie auch Archivierungsbedarf der Inhalte empfiehlt sich die Email. (5)

Aber für eine erfolgreiche Teamarbeit in virtuellen Teams ist auch ein entsprechendes Dokumentenmanagement notwendig. Nur so kann die notwendige Transparenz für alle Teammitglieder geschaffen werden, die dann auch Doppelarbeit vermeidet. Software-Lösungen hierfür sind z. B. Microsoft Sharepoint Services oder Lotus Notes. Gerade auch die Verwaltung der Informationen, die

über die unterschiedlichsten Kommunikationskanäle hereinkommen ist von immenser Bedeutung. Denn die Kommunikationsdiffusität darf nicht zu einem Verlust von Wissen führen.
Der schnelle ortsunabhängige Austausch von Wissen wird immer wichtiger. Helfen können den virtuellen Teams hierbei virtuelle Meetings, um den Kommunikations- und auch Entscheidungsprozess zu beschleunigen. Ebenso können Reisekosten gespart werden. (5)
Die ITK-Industrie ist schon seit Jahren damit beschäftigt, Lösungen zu entwickeln, die die verschiedenen Kommunikationskanäle miteinander verknüpft. Das Stichwort lautet Unified Communication. Erst durch den breiten Einsatz von Sprachkommunikation über IP-Netze ist es jetzt möglich geworden, eine wirklich durchgängige Plattform für alle Kommunikationsmedien bereit zu stellen.

Voice over IP ermöglicht eine einheitliche Plattform für Unified Communication

Aktuell ist das Thema Unified Communication & Collaboration (UCC) im IT-Sektor einer der bestimmenden Trends. Es ist davon auszugehen, dass

dieses Thema multinationalen Konzernen wie auch lokalen Mittelständlern deutliche Wettbewerbsvorteile ermöglichen kann.
Häufig wird Unified Communication noch mit dem Thema Voice over IP gleichgesetzt. Das trifft das Thema aber nicht wirklich. Denn Voice over IP ist das Medium, über welches UCC transportiert wird und welches den letztendlichen Durchbruch dieser Thematik begründet. Aber UCC ermöglicht, dass über das IP-Protokoll nicht nur Sprachtelefonie möglich ist, sondern dass jedem Anwender die situationsabhängig optimalen Kommunikationsmedien bereitstehen. Außerdem ist damit auch ein Wechsel zwischen den Medien ohne Medienbrüche möglich. So ermöglicht UCC z. B. das nahtlose Roaming während eines Handy-Telefonats zwischen GSM- und UMTS-Netz bis hin in das IP-gestützte WLAN-Netz, sobald der Nutzer in das Gebäude seines Unternehmens gelangt. (4)
Aber UCC ermöglicht nicht nur die freie Nutzung des Handys, sondern eben auch die Anbindung von Laptops oder PDAs. Das System ermöglicht Präsenzinformationen, Verschmelzung von Sprach- und Email-Kommunikation, den Austausch von Dokumenten und Daten wie auch Video-Konferenzen in hochauflösender Bildqualität. (4)
Dabei ist UCC nicht nur für multinationale Konzerne interessant. Sicher sind hier die größten Kosteneinsparungen möglich. Aber auch für kleinere

Unternehmen kann der Einsatz von UCC für Wettbewerbsvorteile sorgen, sofern z. B. der Außendienst damit besser in die gesamte Kommunikationsstruktur und Wissensbasis des Unternehmens eingebunden werden kann. (4)

Auch Videokonferenzen lassen sich jetzt in hochauflösender Qualität erleben

Die Qualität von Videokonferenzen ist inzwischen besser als das was man aus älteren Science-Fiction-Filmen kennt. Allerdings hat die Realisierung dieser Qualität heute noch einen ziemlichen Preis. Sogar Kommunikation mittels Hologrammen wird in naher Zukunft möglich sein. Die Lösung Telepresence, die Cisco 2006 vorgestellt hat, wird inzwischen in etwa 100 Konzernen eingesetzt, um realitätsnahe Abbilder der geografisch weit entfernt zusammenarbeitenden Teammitglieder zu ermöglichen und damit auch die Zusammenarbeit zu verbessern. (6)
Die hochauflösenden Videokonferenzen benötigen natürlich auch entsprechende Bandbreiten im IP-Netz. So wird je nach Auflösung (bei Cisco werden die Auflösungen 1 280 x 720 und 1 920 x 1 080 Pixel angeboten) eine Bandbreite von zwei bis vier Megabit

pro Sekunde je angeschlossenen Bildschirm (Cisco arbeitet bei seiner Lösung mit drei 65-Zoll-Plasmabildschirmen) benötigt. Allerdings muss diese Bandbreite auch ständig garantiert werden, weshalb die kommerziell inzwischen angebotenen 16-Megabit-DSL-Leitungen nicht ausreichen. Es muss also in die Infrastruktur in Form von Glasfaserleitungen investiert werden, wobei das in der Regel den kleinsten Anteil an der gesamten Investitionssumme ausmacht. Denn die DSL-Leistung bezieht sich auch nur auf den Download, für den Upload (für den die gleiche Bandbreite benötigt wird) gilt das nicht. (6) Aber natürlich wird diese Bandbreite anderen IP-Anwendungen zu Verfügung gestellt, solange die Videokonferenz-Systeme nicht genutzt werden. (6) Professionelles Video-Conferencing über das Internet-Protokoll sieht sich einer extrem steigenden Nachfrage gegenüber. Diese attraktive Entwicklung führt auch zu einem wachsenden Angebot, da zunehmend weitere Player aus verschiedenen Bereichen in diesen Markt drängen. Video-Conferencing verdankt seinen Durchbruch insbesondere technischen Entwicklungen. Die Übertragung über IP-basierte Netze vereinfacht den unternehmensweiten Einsatz und die Qualität ist auch durch die Technologie des Unternehmens Vidyo, auf der viele Anbieter aufbauen verbessert. Vidyo setzt auf dem Protokoll H264/SVC auf und hat dieses um einige patentierte Erweiterungen

verbessert. (3)
War Cisco mit seinem Telepresence-System, welches die Anforderungen der Nutzer sehr gut erfüllt, bisher der Voreiter bei professionellen Video-Conferencing-Systemen, so ist inzwischen z. B. auch der US-Telekommunikationsanbieter Verizon eingestiegen. Im Unterschied zum End-to-End-Ansatz von Cisco muss der Kunde bei Verizon seine eigenen Endgeräte anschließen. (3)
Auch Microsoft will in diesen Markt einsteigen und hat angekündigt, im Sommer 2008 sein Round-Table-System auf den Markt zu bringen. Dieses besteht aus einem Satz Kameras, Mikrofonen und Lautsprechern und ist eine Ergänzung zu Microsoft Office Communication Server 2007 oder Live Meeting 2007. Das System errechnet aus den Bildern der fünf in der Mitte des Tisches positionierten Kameras ein Panorama-Bild. Außerdem übermittelt das System selektiv ein Bild der Person, die gerade spricht. (3)

Fallbeispiele

Über Standard VoIP (Voice over Internet Protocol) bieten sich Lösungen wie WebEx oder Skype in Techwatch an. So bietet WebEx verschiedene

Lösungen zur virtuellen Zusammenarbeit an, die auch als pay-per-use abgerechnet werden können und dann z. B. 0,33 Cent pro Minute je Teilnehmer kosten. Skype for Business ermöglicht Voice- und Video-Anrufe und den Austausch von Daten. Microsoft bietet mit seinen Produkten Windows Meeting Space und Live Meeting entsprechende Lösungen an. Sehr innovativ ist das Angebot der französischen Firma Tixeo, die ihr Produkt meeting3D anbietet. Dieses erlaubt virtuelle Treffen inklusive gemeinsamer Desktop-Oberflächen sowie Whiteboard-Nutzung. Das kalifornische Unternehmen Qwaq ermöglicht die Zusammenarbeit in virtuellen Treffen, in denen Dateien gemeinsam genutzt oder ausgetauscht werden können zusammen mit verschiedenen Applikationen. [1]

IBM investiert in den Ausbau seines Angebots für Unified Communication in den kommenden drei Jahren eine Milliarde US-Dollar. Der Fokus liegt dabei auf der Verbesserung der Instant Messaging-Lösung Sametime wie auch verschiedenen Collaboration-Funktionen bei Lotus Notes. Zielgruppe mit seinen Produkten wie auch entsprechenden Consulting-Leistungen sind vor allem Großunternehmen.

Neben der Optimierung bestehender Lösungen kooperiert IBM mit dem Virtual-Reality-Spezialisten Forterra Systems an der Entwicklung einer Sametime-Collaboration-Funktionen mit virtuellen Welten.

Sametime ist laut Angaben von IBM derzeit weltweit auf 20 Millionen Rechnern installiert. Vor kurzem ist das System, welches im Grunde eine Instant Messaging-Anwendung ist, um Funktionalitäten wie Videokonferenz, Voice over IP und Öffnung für Third-Party-Applikationen erweitert worden (7)
Laut Microsoft ist das Thema Collaboration für 70 Prozent der Unternehmen eine Top-Priorität, weshalb der Konzern verstärkt auf die Entwicklung und das Angebot von mobilen Lösungen und Zusammenarbeit setzt. So wurde Microsofts Collaboration Plattform SharePoint Server 2007 im Jahre 2007 hundert Millionen Mal lizensiert. Somit hat das Produkt inzwischen eine ähnliche Verbreitung wie Office. (9) Auch wenn Microsoft sein Software und Service-Angebot auf alle Firmenkunden ausweitet, ist davon auszugehen, dass dieses noch nicht auf die Kleinstbetriebe abzielt. Grund hierfür sehen Analysten darin, dass Microsoft noch nicht direkt mit den Google-Apps konkurrieren möchte.
Das neue Angebot von Microsoft erlaubt die Online-Nutzung von Microsoft-Produkten wie MS Exchange, Share-Point, Office Communication und Office-Live-Meeting. Aktuell richtet sich dieses Angebot an Unternehmen mit mehr als 5 000 Mitarbeitern und kann in Abonnement-Basis auf den eigenen oder auch auf Fremdsystemen betrieben werden. (2)
Auch Siemens hat sich mit einem neuen Produkt im UCC-Markt positioniert. Die Plattform OpenScape

Unified Communications Server soll Festnetz- wie Mobiltelefonie, Email, Instant Messaging und Videokonferenzen bündeln. Damit will sich die Enterprise Communications-Sparte in Richtung eines softwareorientierten Unternehmens bewegen. Das Ende April 2008 auf den Markt gekommene System soll die künstlichen und realen Barrieren zwischen den verschiedenen Kommunikationskanälen aufweichen und die Server-Software unterstützt zunächst Funktionen wie Präsenzmanagement, Administration, Session-Control wie auch die anderen Dienste der OpenScape Suite. (8)
Auch Google erweitert sein Produktangebot um verschiedene Applikationen, die die Zusammenarbeit in Projektteams oder zwischen Universitäten und Schulen ermöglicht. Damit bewegt sich Google auch immer stärker in den Bereich von Business-Software und greift so das Web-Angebot von Microsofts Sharepoint Service an wie auch andere Anbieter von Content-Management-Systemen wie Vignette oder Reddot.
Die Teamsoftware Google Sites ermöglicht den Anwendern sehr einfach Informationen jeder Art wie Videos, Kalender, Präsentationen oder andere Dateien auf einer Website zusammen zu stellen und zu bearbeiten. Dafür müssen die Nutzer nicht einmal mehr spezielle Software wie im Falle von Microsofts Sharepoint, welches den Windows Server 2003 verlangt, kaufen. Ebenso sind zur Erstellung der Web-

Site keine Programmierkentnisse in HTML notwendig. Das kostenlose Google Programm stellt damit eine Erweiterung des bisherigen Page Creators dar. Allerdings läuft das Programmpaket nur in Verbindung mit der Google Bürosoftware Google Apps als Team Edition. So hofft Google seinen Angriff auf Microsofts Office-Paket erfolgreich zu unterstützen. (10)

Weiterführende Literatur

(1) Meeting the future. training sessions through virtual meetings
aus Black Enterprise, United States (BLAENTFT), 38 (2008) 10 page 56

(2) Vorsichtiger Konkurrenzkampf mit Google um Online-Kunden Microsoft erweitert sein Online-Angebot auf die KMUs
aus Computer Zeitung, Heft 11, 2008

(3) Verizon und Microsoft wollen Ciscos Telepresence Konkurrenz machen Video-Conferencing wird besser und billiger
aus Computer Zeitung, Heft 6, 2008

(4) Hintergründe kennen, Möglichkeiten entdecken!
aus IT-Business Nr. 09 vom 28.04.2008 Seite 58

(5) Von der eMail bis zur Videokonferenz -Chancen

und Risiken der eCollaboration
aus IT-Business Nr. 08 vom 14.04.2008 Seite 60

(6) Meetings auf dem "Holodeck" werden real
aus IT-Business Nr. 08 vom 14.04.2008 Seite 66

(7) Markt für UC bleibt weiterhin heiß umkämpft
IBM investiert eine Milliarde in Unified Communication
aus Computer Zeitung, Heft 12, 2008

(8) Barrierefreie Kommunikation
aus "Computerwelt" Nr. 05 / 2008 vom 14.03.2008

(9) Zusammenarbeit ohne Grenzen
aus "Computerwelt" Nr. 06 / 2008 vom 26.03.2008

(10) Neue Web-Software erleichtert Teamarbeit
aus Handelsblatt Nr. 042 vom 28.02.08 Seite 19

Impressum

Unified Communication und Collaboration - Die Virtualität der Unternehmen nimmt zu

Bibliografische Information der deutschen Nationalbibliothek

Die Deutsche Nationalbibliothek verzeichnet diese Publikation in der deutschen Nationalbibliografie; detaillierte bibliografische Daten sind im Internet über http://dnb.d-nb.de abrufbar.

ISBN: 978-3-7379-0341-7

© 2015 GBI-Genios Deutsche Wirtschaftsdatenbank GmbH, Freischützstraße 96, 81927 München, www.genios.de

Alle Rechte vorbehalten. Dieses Werk ist einschließlich aller seiner Teile – z.B. Texte, Tabellen und Grafiken - urheberrechtlich geschützt. Jede Verwertung außerhalb der Grenzen des Urheberrechtsgesetzes bedarf der vorherigen Zustimmung des Verlags. Dies gilt insbesondere auch für auszugsweise Nachdrucke, fotomechanische

Vervielfältigungen (Fotokopie/Mikroskopie), Übersetzungen, Auswertungen durch Datenbanken oder ähnliche Einrichtungen und die Einspeicherung und Verarbeitung in elektronischen Systemen.